오늘은 두 번의 내일보다 좋다

하상만 시집

시인동네 시인선 088

하상만 시집

오늘은 두 번의 내일보다 좋다

시인동네

시인의 말

나는 별거 아니다
당신이 앓고 있는 감기 하나 낫게 하지 못한다
아침에 일어나 커피를 내리지만
그것도 하지 못할 때가 많다

당신이 뜨거워 누워 있을 때
그저 그것을 느껴보려고 옆에 누워 있을 뿐이다
그러다 잠들어도
당신 꿈속으로 들어가지 못하고 깨어난다

당신을 껴안아 보지만 당신이 되지 못한다
대신 화장실에 가지도 못하고
물을 마셔주지도 못한다
당신이 힘들 때 가만히 지켜만 본다

나를 쳐다보는 당신이 애처롭다
당신을 위해 숨겨둔 사랑이 내게는 없다

2018년 1월
하상만

차례

시인의 말

제1부

열쇠 · 13
새 · 14
빈센트 · 16
그런 생각을 했지 · 18
위로 · 19
딩고 · 20
빈센트 2 · 22
여행자 · 23
잠언의 숲 · 24
여행 생각 · 26
시바 시바 · 28
이 밤을 · 30
혼자 부르는 노래 · 33
브라쇼브행 기차 · 34
피존밸리 · 36

제2부

녹 · 39

복날 · 40

소통 · 42

한 잔 · 43

학생증 · 44

살처분 · 46

상추 · 48

점 · 50

식구 · 51

집밥 · 52

한숨 · 54

앞 · 56

시인 · 57

달 · 58

마음 · 60

감전사 · 62

제3부

어깨 · 65

해변 · 66

편지 · 68

산장일기 · 70

소년 · 72

매달리기 · 73

하슬라 카페 · 74

횡단열차 · 76

꿈 · 78

나무 · 80

막대자석 · 81

어쩔 수 없는 관성 · 82

달아나다 · 84

빙빙 · 85

불 하나 · 86

제4부

흔적 · 89

장미계곡 · 90

볼펜 · 92

한 줄 · 94

유품 전시회 · 96

초장 · 98

백지위패 · 99

삶 · 100

두 번째 캠핑 · 102

어떤 죽음 · 104

어머니 · 106

전어회 · 107

섬 · 108

아가의 주먹 · 110

해설 우리는 그렇게 사는 쪽으로
  뿌리를 내밀었다 · 111
   신종호(시인)

제1부

열쇠

녹슨 다리에 녹슨 자물쇠들이 걸려 있었다

사랑에 빠지면 여기 와서 자물쇠를 채워요
제냐는 그렇게 말하고 나서
자물쇠 위에 적힌 커플들의 녹슨 이름들을 불러주었다

만약 헤어지면 어떻게 하나요,
와서 이 자물쇠를 푸나요?

아니요
자물쇠를 채우고 나서 열쇠는 저 강에 던져버려요
열쇠를 잃어버렸기 때문에 자물쇠를 풀 수가 없죠

헤어지면
열쇠를 잃어버렸다는 사실마저 잊어버리면 돼요

새

　오래된 사원에서 새를 팔고 있었다
　그곳 장사꾼은 새를 풀어주면 꿈을 이룰 수 있다고 선전했다
　믿는지 안 믿는지 알 수 없지만 사람들은 조롱을 사서 새를 풀어주었다

　어떤 날에는 새가 날아가지 않아서 여행자가 따지고 있었다
　내 꿈은 이루어질 수 없는 것이냐고
　그는 절망에 빠져 울고 있었다

　장사꾼이 조롱 속의 새를 굶겼기 때문이었다
　그는 굶주린 새일수록 더 슬프게 노래한다고 믿었다
　그 슬픔이 장사에 도움이 된다고 믿었다

　나도 조롱을 사서 사원의 꼭대기에 올라갔다
　내 일이 잘 풀리지 않았던 것은
　노인이 내 꿈을 가두어 두었기 때문이라고 생각하면서
　어쩌면 나의 기도는 모두 그분을 향한 것이었다고 생각하

면서
  마음 한 구석에는
  허락도 없이 내 것을 가둔 노인에 대한 불만도 있었다

  하지만 나는 운이 좋은 거라고 생각하기로 했다
  그를 만나지 않았다면 내 꿈이 거기 갇혀 있는지도 몰랐을 테니
  그렇게 생각하지 않으면 새를 풀어줄 수 없으니

  새는 날아갔다 굶주림과 놀람에 잠시 쓰러져 있다가
  마침내 날개를 저었다

  그때가 가끔 생각난다
  그때 내 바람은
  그 새가 굶어 죽지 않는 것뿐이었다

빈센트

오늘밤도 걷습니다
제 나이를 걸어갔던 당신을 떠올리며
당신처럼 이가 빠지거나
붓을 들 힘이 없는 것은 아닙니다
사랑하는 사람이 있다면
그에게 갈 차비도 두둑합니다
사람들은
살아서의 당신보다
죽어서의 당신을 더 좋아합니다
저들이 당신 그림을 흉내 내는 것을 보니
저의 고민 또한
누군가 이미 해버린 고민입니다
사물들이 가진 쓸쓸함이
제 속에서 오는 것인지
그들 속에 있던 것인지
그런 것이 궁금합니다
이 도시의 전쟁을 담은 그림 한 장
눈에 붕대를 감고 죽은 친구 옆에서

작은 스푼으로 음식을 떠먹는 소년이
아름답습니다
아름다워 해도 되나 생각해보지만
여전히 아름다운 걸 어쩔 수 없습니다
진지한 저의 감정이
가짜가 되는 순간들이
자주 찾아옵니다
사춘기에 겪어보지 못한 감정이
당신의 그림 속 별들처럼 소용돌이치는 밤
당신이 걸어보지 못한
지도 위의 점들을 걷습니다
내부의 빛을 드러내기 위해 초저녁부터
이 거리의 창들은 태어났고
어둠이 가진 빛을 보여주기 위해
별들이 태어났습니다
그 빛을 향해 당신은 걸어갔고
저는 지금 당신의 무덤을 향해
걷고 있는 중입니다

그런 생각을 했지

여행 중 우연히 들어간 골목은
지도에서 보면 하나의 점이었네

그 점 속에서 나는
다른 점 속에 있을
당신을 생각했지

떨어진 별들을 모아
별자리를 만들 듯
누군가 우리를
묶어놓은 것 같았네

천년이 지나도
재밌는 이야기가 될지 몰라

위로

닌빈 가는 길
매연과 소음 속에서 개가
자신을 핥고 있다
가끔 짐승들에게서 스스로 위로하는 법을 배운다
등에 앉은 파리를 쫓는 소의 꼬리에서
나는 외로운 짐승
내가 아니고서 나를 위로할 수 없는
그런 날들이 많아진다
마음이 허전해서 팔짱을 꼈다
내가 나를 안는데도 따뜻하다

딩고

 너는 바라나시에서 내게 전화를 한 적이 있다 방금 골목을 돌아다니다 개에게 물렸다고 그랬더니 사람들이 우루루 몰려와서는 이런저런 알아들을 수 없는 훈수를 두더니 허름한 가게로 데려가서는 주사를 놓더라는 그 주사 믿을 수 있겠냐고 재밌는지 너는 깔깔 웃었다 네가 쏘다닌 길이 이런 길이었는지는 모르지만 여기 골목엔 개들이 흔하다 털들이 죄다 빠져서 병든 것 같기도 하고 굶주린 것 같기도 하고 다들 불쌍해 보이는데 모두 주인이 없는 개라고 한다 주인이 없다는 것은 자유롭다는 뜻 아니겠니 우리 할아버지의 할아버지는 종이었는데 어느 날 주인이 이제 종은 없어졌다고 했을 때 서럽게 울면서 매달렸다는 이야기가 떠오른다 자유가 무서웠던 거지 여기 털 빠진 개꼴이 되지 않을까 하고 쓰레기통이나 뒤지고 사는 건 아닐까 하고 그럴 바엔 주인에게 매달려 삼시세끼 밥이나 얻어먹는 게 낫다고 생각했을 거야 어느 날 내가 너에게 들려준 이야기가 기억나는지 딩고 호주에 사는 개에 대한 이야기 사람과 함께 살다가 야생으로 돌아간 들개 그 개가 참 멋진 것 같다고 너에게 이야기해주었는데 점점 나는 자유와 낭만이 내 몸에서 따뜻한 털을 뽑아내는 게 아닐까 두려워진다 언젠가 겨울이 오겠지 혹시 바라나시에도 눈이 내린다면 꼭 함께 짜이를 마시고 싶은데 바라나시에서 네가 전화를 걸어왔을 즈음부터 우리는 멀어져야 했다 그래서 너는 지금쯤 어떤 사람이 되었을까 가끔 궁금하지만 찾지는 않는다

빈센트 2

가끔 혼자된 방에 들어가 불을 켜면
내 손에 만져지는 스위치가
당신이 잘라버린 귀처럼 느껴질 때가 있어요

인생의 고통이란 살아있는 것 그 자체*
생을 껐다가 다시 켤 수 있다면

---

*고흐가 숨을 거둘 때 동생에게 한 말.

여행자

춥지 않았어요 하고 묻자
추웠어요 하고 준이 말했다

사람 때문이에요
그가 말을 이어갔다

네팔에서 혼자 잠을 잔 적이 있어요
다른 방에서는 네 명이 함께 잠을 잤죠
그날은 제가 떠나는 날이라
네 명이 제 방을 방문했어요
그중 한 명이 저에게 그러더군요
이렇게 추운데 어떻게 잤어?

안이나 밖이나 제 방은 마찬가지였지만
네 명이 잠을 잔 방에 가봤더니
창문에 성에가 끼어 있더군요
따뜻한 물이 나온다고 해서
더 따뜻해지는 건 아니에요

잠언의 숲

왓 프라싱에는 잠언의 숲이 있다

―네가 좋아하는 것이 없다면 가지고 있는 것을 좋아해라

이 잠언이 나를 울린다

승려와 이야기를 나누는 사람과 가족끼리 모여 잡담을 하는 사람과 배낭을 내려놓고 바닥에 앉은 사람과 의자에 앉아 무언가를 쓰는 사람들이 있다 나는 나무마다 적힌 잠언을 수첩에 옮기며 되뇐다

다섯 시가 되자 승려가 나와서 종을 쳤다 불경을 외는 소리가 들려왔다 의자 아래에서 반쯤 눈을 뜬 채 개가 졸고 있었다 개같이 생겼다고 하면 귀엽다는 뜻으로 받아들인다는 서양 사람들 이야기가 떠올랐다 누군가 뿌려놓은 밥을 작은 새가 날아와 쪼았다 그리고 조금 더 큰 새가 땅에서 퍼덕이는 소리가 들렸다

글을 쓰다가 볼펜이 다 되었다 어떤 벌레가 다리에 난 상처에 앉아 살에서 나오는 물을 빨려고 했다 쫓아도 다시 날아와 앉았다 내 속이 맛있나 그렇게 생각하니 기분이 좋아진다

  사람들은 맨발로 잘 걸어 다닌다 사원에서도 집에서도 맨발이다 수첩 속은 검은 글씨에서 파란 글씨로 바뀐다 두 손을 모으고 천천히 남자가 탑을 돈다 언제나 그렇지만 돌아가야 할 때가 되면 심심해진다 수첩에 적어가던 잠언 하나를 왼다

  ―오늘은 두 번의 내일보다 좋다

여행 생각

1

사람들은 그분이 여행 한번 해보지 못하고 돌아가셨다면서 안타까워했다

2

인간은 아프리카에서부터 여행을 시작했다 먹을 것을 찾아 떠나는 일이었는데 그때 돌아다니던 것에 인이 박혀서 우리에게 여행 본능이 생겼을지도 모른다

3

나는 몇 세대에 걸쳐서 인상적인 여행을 한 가족을 알고 있다 그들은 네안데르탈인이다 그들 가족은 북서쪽으로 걸어 올라가다가 바다에 이르게 되었다 지금은 지브롤터 해협이라고 부르는 그쪽이다 배가 없었으니 그들에게 그곳은 세상 끝이었다 가족들은 서서 바다 건너편을 바라보았을 것이다 건너편에 무엇이 있는지 궁금했을까 그들은 여행을 멈추지 않았다 오른쪽으로 걷기 시작했다 이집트, 이스라엘 쪽으로 향했다 시리아를 지났고 조지아의 작은 호수에 흔적을 남

겼다 그들 중에는 이가 하나밖에 없는 사람이 있었다 그는 씹을 수가 없어서 씹지 않고 넘길 수 있는 부드러운 음식만 먹을 수 있었다 누군가가 음식을 대신 씹어서 그의 입으로 전달했다

4
그게 키스의 기원이라고 주장하는 사람들이 있다 그게 맞다면 키스는 누군가의 목숨을 살리기 위해 발명된 것이다 목숨의 키스가 없었다면 그는 더 빨리 죽어 갔을 것이다

5
그들은 마침내 건너편에 도착한다 지브롤터 암벽에 있는 고르함 동굴 속에 마지막 흔적을 남겼다 그들은 대략 삼만 년 전에 지구에서의 여행을 끝내고 다음 여행지로 사라졌다

시바 시바

온통 파란 독이 오른
시바신의 그림 한 장이
침대 머리 위에 걸려 있었다.

시바신은 이마 가운데 눈이 하나 더 있고
그 눈을 뜨면 세상은
지옥으로 변해버린다는 말을 들었다.
내 방 액자 속의 시바신은
가운데 눈을 뜨고 있었다.
이상했다.

여기가 지옥인가?

내 방을 청소하러 온 남자에게 말했다.

시바신이 눈을 뜨고 있는 것 같아요.

그러자 남자가 대답했다.

>

시바신은 언제나 눈을 뜨고 있었죠.

남자의 이름은 소누.
그는 게스트 하우스의 종업원.
늘 감긴 눈이었다.
그가 내게 물었다.

어제 몇 시에 잤어요?

내가 대답도 하기 전에 그가 또 말했다.

전 새벽 세 시에 자서
다섯 시에 일어났어요.
배불뚝이 사장님은
지금 낮잠에 드셨지요.
그건 제 몫인데 말이에요.

이 밤을

내가 달랏에 있을 때 거긴 봄이었고 면 티셔츠랑 반바지밖에 없어 추웠어

가족이 운영하는 오래된 호텔 5층 객실에서 삼 일 동안 나오지 않고 추위를 견디고 있었는데 나는 외로웠을 거야

창문을 닫아 두었지만 바람이 불었고 빗소리가 들려왔어 얼굴을 녹이기 위해 거울 속의 네게 입김을 불어본 적이 있니

사람이 배가 고픈 거랑, 외로운 거랑은 같은 게 아닐까 하는 생각이 떠올랐고 손님이 없었으므로 호텔에 딸린 식구들은 모두 내게 붙어사는 것 같았어

외로우면 배고프다고 말하는 버릇은 그때 생긴 거야

내 허기를 달래주었던 주인집 딸은 왜 혼자냐고 물었지만 베트남 여자를 때리기도 하는 나쁜 한국 남자에 대해 말해주었어

＞

　시장에서 딸기를 사고 싶었지만 혼자 먹기엔 많아서 노인은 더 오래도록 쪼그려 앉아 있어야 했고 아름다운 호수는 혼자 걷기엔 너무 넓었어

　외로워 보일 때 나는 부끄러워, 비가 오는 날

　우산도 없이 찾아간 저택에, 앉아 있던 노인은 의자 하나로 충분했는데 그 많은 의자를 소유했던 왕은 엉덩이를 쪼갤 수 없어 신하들이 필요했을 거야

　시장에 앉아 있으면 오토바이를 타고 사람들이 등장하기도 했어 알 수 없는 언어들로 둘이서 셋이서 말하고 있을 때

　쓸모없던 나의 언어, 혼자라는 건 가진 것을 쓸모없게 만드는 힘이 있었어

　근데, 근데 말이야

어디까지 이야기가 이어지면 이 밤이 지날까, 나는 슬슬 배가 고파, 늦은 밤의 굶주림은 그냥 잊고 흘려보내기엔 너무 힘들어 그러니

너

나올래,

얼른 나와서 나랑 밥 먹을래

혼자 부르는 노래

혼자서 술 먹지 마 밤은 외로운 거야
외로워서 사람들은 잠드는 거야
꾸어지지 않는 꿈을 위해 눈 감지는 마
눈을 뜨면 잊어버릴 꿈을 위해 잠들지도 마
누가 있으면 외롭지 않을 거라는 생각은 버릴 거야
밤은 외로운 거야
보드카 향이 가득한 아침이면
이렇게 살고 싶었다고 말할 거야
잃어버린 것을 기억나게 하는 것은 오래 보지 않을 거야
다시 가질 수 없는 것을 생각나게 하는 것은
눈 돌려 버릴 거야
밤은 외로운 거야
함께 있어도 우린 따로 외로울 거야

브라쇼브행 기차

외롭다

우리가 외로움이라고 말하는 그게 도대체 뭐지?*

당신의 부재가 외로움이라면 당신과 함께 있으면서 외로울 때를 설명할 길이 없다**

외롭다는 말은 내가 나를 만나고 싶다는 뜻 아닐까

아침 8시에 출발한 기차는 오후 6시 30분에 도착할 예정이다

기차도 심심해서 모든 역에 서는 것 같다
간이역마다 역무원이 나와서 마중과 배웅을 한다
역무원도 외로울 것이다

서쪽 하늘에 석양이 물들자 쓸쓸해진다

풀리지 않는 문제를 오래 고민하면 사람이 우스워진다

우스워지지 않기 위해
마흔까지만 사는 게 좋을 것 같다는 생각을 했다

---

*리스본행 야간열차.
**리스본행 야간열차.

피존밸리

사람들은 절벽에 구멍을 뚫어
비둘기에게도 집을 주었다

필요할 때마다 비둘기를 꺼내
식량으로 사용했다

제2부

녹

내 몸속을 떠돌아다니는 피는
붉게 녹슬었다
핏속의 철이 산소와 만난 결과다
핏속에서 녹을 벗겨내겠다는 것은
죽음을 의미한다
녹슬지 않으면 살 수가 없다

붉은색밖에 없다고 생각했는데
푸른 녹도 있다

내 앞에 서 있던 오래된 건축물의 지붕은
푸르게 녹슬었다
구리가 끼어 있으면 그렇게 녹이 슨다
빨리 녹슬라고
지붕에 올라가 오줌을 갈겼던 이도 있었다 한다
녹슬지 않으면 아름다울 수 없다

복날

동네 사람들은 복날이 되면
기르던 개를 잡아먹었다

우리 집에는
아롱이라는 개가 있었는데
그 개도 그해 여름을
피해갈 수 없었다

내가 울기 시작하자
동네의 아이들은
앙앙 함께 울어주었다

어떻게 정든 개를 잡아먹을 수 있냐는 항의였다

동네 아저씨들은 내통해서
서로 바꿔 잡기로 했다

그렇게 우리 집도

마음이 한결 가벼워졌던 여름

생각해보니
마음을 더는 방식이
그러할 때가 많았다

소통

개들은 사람 말을 알아듣는다
개 사요, 소리가 들리자
동네 개들이 동시에 힘을 모아 짖는다
그 소리 사라져 안 들릴 때까지
그때만큼은 동네 사람들도
개들의 소리 분명히 알아듣고 말리지 않는다
그 소리 멈출 때까지
가만히 기다려준다

한 잔

창밖에 눈이 내린다
맘껏 나눠가져도
모자람이 없는 풍경

누군가 물을 따라놓았다
컵에 물이 가득차면
마음이 가볍지 않다
갈증이 나도 부담스럽다

어제 누군가
자신의 컵에서 따라준 커피는
가득 차지 않아도
한 잔이었다

학생증

나는 아이들에게 물고기 밥이 되면 어떻게 되는지 이야기한 적 있다. 물에 빠져 죽으면 다슬기가 먼저 눈에 붙어 부드러운 부분을 빨아 먹는다. 그리고 뱀처럼 길게 생긴 것들이 귓구멍, 콧구멍, 똥구멍으로 들어와 내장을 파먹는다. 안으로 들어올 수 없는 붕어 같은 것들은 피부에 붙어 조금씩 살점을 먹는다.

물속에서 나왔을 때 너는 오른손에 학생증을 쥐고 있었다. 왜 그랬을까. 밥 때문이었을 것이다. 밥을 먹을 때 너는 그걸로 바코드를 찍었다. 하루도 빠짐없이 그렇게 밥을 먹었다. 나는 급식 지도를 하며 너를 세었다. 너는 급식정보지에 적힌 글자만 보고도 미소를 짓던 아이였다.

나는 배를 탈 때 유리창을 두드려보곤 한다. 세월호가 가라앉을 때 유리창을 두드리는 네가 보였다. 이걸 깨기가 힘든 건가 힘껏 쳐보고 싶었다. 배가 항구를 떠날 때 손을 흔들어본다. 밖에서 누가 내 손을 보고 있는가?

너는 어느 순간 끝났다는 것을 알았을 것이다. 유리창 너머로 헬기가 보이고 배들이 모여든 것을 보았다. 하지만 이젠 불가능하다. 두드리는 대신 너는 오른손을 쥔다. 다슬기나 뱀장어나 붕어 같은 것들이 다 뜯어 먹는 동안 찾지 못하면 어떻게 나를 알아보지? 그래도 엄마한테는 가야지. 이걸 쥐고 있으면 선생님은 알 거야. 내가 엄마 딸이라는 것을.

　우리는 네 손을 펴려는데 힘이 들었다. 넌 꼭 쥐고 있었던 거다. 오랜 물의 힘도 그걸 풀지 못했다.

살처분

수의사가 마취제를 놓으면
소가 쓰러졌다
우리는 낫을 들고 있었다
위에 구멍을 내는 것이 우리의 일이었다
소는 위가 네 개나 있었다
그냥 묻으면 땅속에서 빵빵 터졌다
그게 어디에 있는지 몰라서
우리 손은 무자비해졌다

그 모습을 보고
달아나는 소들이 있었다
수의사는 블로건을 불었다
여러 대의 마취제가 몸을 찔렀지만
쉽게 쓰러지지 않는 소가 있었다
더 이상 달아나지는 못했다
옆구리 대신 발아래
못이 박힌 것 같았다
새끼를 밴 소였다

>
수의사는 쓰러뜨리려고
마취제를 아끼지 않았다
잠이 찾아올수록
다리엔 더 힘이 들어갔다
어느 순간부터
눈도 깜박이지 않았다
깜박이는 순간 쓰러진다
그렇게 생각하는 모양이었다
소의 눈에서 눈물이 주르르 흘렀다
하지만 소는
눈물을 자르지 않았다
그런 소는 모두 그런 소였다

상추

상추가 자라고 있었다.
밑을 따주면 더 잘 자란다기에 그렇게 했다.

상추가 잘 자라면 결국 내가 먹는다.
상추는 무엇을 위해서 자라는 걸까?
열심히 자랄수록 열심히 내가 딴다.

상추들도 이런 대화를 나눌까?
열심히 살아야 해.
부지런한 게 좋아.

서로를 비교할까?
쟤 잎사귀가 더 크구나.

그렇게 비교할수록
결국엔 내가 좋겠지?

상추의 입장에서는

내가 보이지 않는다.
나의 입장에서
하늘이 보이지 않는 것처럼.

칭찬 받는 게 좋아서
나는 참 열심히 일했다.

점

목도리를 한 여인의
눈 위에 떠 있는
검은 눈동자 속에
하얀 점이 찍혀 있다

커다란 그림 속에
점을 찍었을 뿐인데
여인의 얼굴에
생기가 돌았다

살아있다는 것은
저런 점을 놓지 않는 일

식구

별자리로 묶여 있지만
별과 별 사이는
우리가 여행할 수 없는 거리

반짝이는 미소를 보내지만
우리의 마음과 마음은
누가 묶어놓은
별자리인지 모른다

멀리서 보아야 가깝고
예쁘고
사랑스러울지 모른다

집밥

우리 동네 집밥 집이 생겼다
내가 돌아오지 않아서
집밥이 집을 나왔다

집에서 저녁을 먹기가 힘든 세상이다
저녁이 있는 삶, 이라는
슬로건을 내건 정치인은 오래전에 낙선했다

이 저녁은 누구의 것일까
밥알을 씹으며 고민에 빠지곤 했다

나의 저녁은 안녕하신가
스스로에게 인사하곤 했다

야근을 거부한 내게
동료들은 차가운 것 같다
저녁을 돌려받았는데
떳떳하지 못하다

의리 없는 사람인 것 같다

의리가 질투 같다

집밥 집이 유행할 거라고 한다
집밥이 그리워 독신을 포기한 친구도
외식이 잦다고 한다

한숨

한숨으로
흐리어진 안경을 닦고 있지

냉장고에 야채를 보관할 때
이 한숨을 봉투에 불어 넣으면
며칠 더 싱싱한 야채를 먹을 수 있지

내가 지구라는 봉투 속에
차곡차곡 한숨을 불어 넣는 것은
우리 집 맨드라미를 살리는 일

내가 한숨 쉬고 있을 때
맨드라미는 입을 열고
내 한숨으로 숨을 쉬지

괜찮다

내가 땅바닥에 주저앉아 있을 때도

내 한숨으로 살아가는 생이 있으니

내 한숨으로도 이 세상은
밝고 맑아질 수 있으니

앞

나이가 들수록 생각을 잘 택해야 한다
어떤 친구들은 부동산을 택했고
어떤 친구들은 주식을 택해서 살아가고 있다
뇌사 상태에 빠진 사람이 호흡을 멈추지 않는 것을 보고
생명이란 무엇일까, 이게 요즘 내가 택한 생각이다
친구들은 점점 어떻게 살 것인가를 고민하고
나는 점점 어디에서 왔는가를 고민한다
이런 생각을 하고부터 친구들과 대화가 되지 않는다
술자리에 끼어도 재미가 없다
술 한 잔 걸치고 대리기사를 불러 집으로 간다
음악을 듣다가 아저씨 앞으로 한 곡만 돌려보세요, 라고 했더니
아저씨가 한 곡 앞으로 돌린다
들려오는 노래는 방금 듣던 노래의 다음 곡이었다
나는 방금 지나온 곡을 듣고 싶었다
아저씨에게 앞은 나와 반대로
지나온 삶이 아니라 앞으로 살아가야 할 삶이었다
모두가 앞을 향해 가고 있었다

시인

일본에도 시인이 있냐고 물었을 때
이나바 씨는 잠시 생각하더니
도쿄에 그런 사람들이 있다는 이야기를 들었다고 했다
미국에도 시인이 있냐고 라이언에게 물었더니
자기 할아버지 대에
그런 사람들이 있었다는 이야기를 들었다고 했다
영어를 해석해 가다
그게 엄마야, 라는 문장에서 멈추었는데
아이들은 아무런 반응이 없어
섭섭했다는 이야기
나는 영어를 사용하는 사람들 중에도
그 문장을 이해할 사람은 적을 거라 말했다
그런 점에서 우리는 소수다
함께 있으면서도 있음을 모른다면
그것은 없는 것이다
세상에는 없는 것이 많고
있어도 없는 것이 있다

달

아이였을 때 달이
저만 따라다닌다고 믿었습니다
그건 비밀이었죠
뭔가 좀 특별한 사람이 된 것 같았습니다

한 친구에게 비밀을 털어놓으니
거짓말하지 말라고 했습니다
달은 자기를 따라다닌다면서

그 친구와 저는
달을 사이에 두고 등을 대었습니다
각자의 집을 향해 걸어가기로 했죠
달이 누구를 따라가는지
확인하기 위해서

저 봐, 달은 나를 따라와
친구에게 외쳤더니
친구도 같은 소리를 했습니다

우리는 서로를 믿지 않았습니다

그렇게 헤어졌습니다

요즘 우리가
저 달을 두고 다투는 것은 아닌가
그렇게 생각할 때가 있습니다

너무 멀어서
한 걸음 다가간다고 가까워지지도 않고
뒤로 물러난다고 해서
멀어지지도 않는

결국 모두를 따라오고 있는
우리 생각 밖의 저 달을 두고 말입니다

마음

마음이란 뇌에 있는 것이라고 한다
과학자들이 그렇다고 하니 어쩔 수가 없다
뇌에서 오가는 전기적, 화학적 신호로
마음이 만들어진다
마음이 어디에 있을까요
함께 일하는 사람들끼리
식판을 대고 밥을 먹다가 물어보았다
사람들은 숟가락을 놓고
마음이 있을 만한 곳을 가리켰다
엉덩이를 툭 치는 사람도 있었고
느닷없이 발바닥을 잡는 사람도 있었고
안대를 하듯 눈을 가리는 사람도 있었지만
국기에 대한 맹세하듯
많은 사람들이 가슴을 가리켰다
내게 묻는다면 이제
나는 이마를 짚을 것이다
나처럼 이마를 짚는 사람이 늘어난다고 해도
사랑하는 사람끼리

이게 내 마음이야 할 때는
이마에서 하트를 꺼내지는 않으리라
마음이라는 단어가 나올 때
아이들이 가슴에 손을 얹고 율동을 하여도
아무도 나무라지는 않으리라

감전사

전봇대 위에서 가끔 사람이 떨어진다
감전사고다
전압차가 생기면 전류가 흐른다
그게 원인이다
내가 당신을 사랑하는 것보다
당신이 나를 더 사랑한다는 말
사랑에도 전압차가 있어
우리들 사이를 흐르고 흐른다
그 흐름을 견딜 수 없어 지지고 볶았던 것이다
내가 100볼트일 때 당신도 100볼트쯤 되어 달라
사랑은 서로의 전압을 맞추는 것이지
이기는 것이 아니다
내가 너보다 더 사랑한다는 말보다
나는 너만큼 사랑한다는 말이
진짜 사랑이다
오늘 한 남자가
잃어버린 사랑을 향해 칼을 집어넣었다
명백한 감전사다

제3부

어깨

한 소년이 내 어깨에 기대어 잠들었다

버스는 흔들리고 햇볕은 내리쬐고
달콤한 잠 속으로 소년은 자꾸만 빠져 가는데
어깨는 점점 축축해진다

남의 땀을 싫어하지만 피할 수는 없는 일

내 어깨에 기대어 내가 잠들 수는 없으니까
잠들기 위해 누군가의 어깨가 간절히 필요할 때가 있으니까

우리 몸은
누군가의 영혼을 위로하기 위한 것이기도 하니까

해변

모래 위에 엉덩이를 대고 앉았다

뭔가를 해야 한다는
생각을 버리지 않는 한
외로울 것이다

그런 생각은 아무래도 관성 같았다
그렇게 해왔기에 타성이 붙어버린
몹쓸 물건 같았다

캄캄한 해변에 혼자 앉아 있는 것은 처음이었다
모래가 젖었는지 엉덩이가 축축해져오는 것을 느꼈다

일어서 돌아가려니 엄두가 나지 않았다
한참을 걸어왔기에 돌아가기가
버거웠다

나는 어딘가에서 멀리 벗어나 버린 인생을 살고 있는지

모른다

너무 고독해서
어떤 것도 그리워할 수가 없었다

편지

예전 성당 다닐 때
순교한 분들의 마음을 체험해 보는 행사가 있었는데
그중의 하나가 얼음 위에 올라가서 오래 견디는 거였습니다
맨발로 얼음을 딛는 순간 몸 여기저기 통증이 찾아왔는데
얼음의 차가운 기운이 몸 안으로 전해진 결과라고 생각했지요

요즘 우리 집 마룻바닥이 딱 그 얼음장입니다
저는 발을 동동거리며 배교하겠습니다
하루에도 몇 번 혼자서 그런 놀이를 하고 웃습니다
그런데 이제는 알고 있습니다
바닥을 짚을 때 느껴지는 고통은
따뜻한 것이 몸 밖으로 빠져나가면서 생기는 거라는 것을

때때로 외로움이 느껴지면 생각해요
이 외로움은 밖에서 찾아온 것이 아니라
제 속의 다정함이 빠져나간 결과라고

\>

남이 저에게 슬픔을 줄 수는 없다고 생각합니다
슬픔도 제 속의 기쁨을 잃어버린 결과였습니다

무엇이든 다 제 속에 있습니다

추위를 막기 위해서가 아니라
제 속의 따뜻함을 지키기 위해
벗어 두었던 털신을
신어야 할 때가 되었습니다

산장일기

고양이 묘(猫)를 붉게 써서 거꾸로 걸었더니
한 이십 일간 쥐가 보이지 않았다

쥐는 사람에게 해코지를 한다
음식을 남기지 않았더니 배수관을 갉아 먹었다

다리를 건너면 돌아오지 못한다기에
벌집을 떼어 물소리를 건넜다

오늘은 노랑나비새 커플이 날아와 길을 잃었다
벌들도 산장에만 들어오면 나갈 길을 잃는다

유리창 때문이다
유리창으로 들어온 빛을 포기하지 못한다

아침에 일어나 죽은 벌들을 쓸었다
밤새 머리를 부딪쳤을 벌들
별빛이나 달빛도 희망이었을 것이다

내게도 유리창에 막힌 희망이 있었다
거기 온몸을 부딪치다가 영혼이 부서졌다

사람들은 산장을 여행하고
나는 앉아서 그들을 여행한다

비로소, 유리창 밖이다

소년

연락이 닿은 친구들은
만나보면 별로 할 말이 없었다

커피보다는 술을 좋아했고
책보다는 돈에 관심이 많았다

나는 당신들처럼 되고 싶어서
흔들리고 있다는
말은 하지 않았다

아이들이 귀여운 것은
약한 사람이라서 그런데
약한 어른은 귀여워 보이지 않는다

거리에 나와
따뜻한 봄볕을 쬐다 보면
내 속엔 아직
소년이 있는 것 같았다

매달리기

외로움을 잊어보려고
사람들은 매달려 있고 싶어 한다

조기 축구회에 매달리고
연봉에 승진에 매달리고

당신에게 매달리고
결혼과 출산에 매달린다

등산에 매달린 사람들이
눈을 매단 곳에 꽃이 피었다

외로워서 나무도 꽃에 매달린 것인데

그걸 본 다른 나무들도
꽃에 목을 달아보려는 봄이다

하슬라 카페

> 먼 천체들은 그것들 고유의 운동 때문이 아니라
> 우주 자체의 팽창 때문에 서로에게서 멀어진다.
> —르메트르

당신은 앉아 있고
커피를 주문하기 위해 나는 걸어간다
멀어지는 것은 이런 것이야
당신은 말한다

당신과 나는 마주 보고 앉아 있고
커피도 한 잔씩 있고
아무도 어딘가로 가지 않지만
그때의 우리와 오늘의 우리는 같은 거리에 있는가

어떤 별과 별은 멀어진다
별이 별에게서 달아나려고 하지 않아도
오히려 가까워지려 하여도
풍선 위에 찍힌 두 개의 점처럼
누군가 불어넣는 입김으로
우주가 팽창하기 때문이다

\>

우리에게 벌어지는 이별은
대개가 이러한 일

나는 너에게서
달아나려고 하지 않았다

횡단열차

여기 어딘가 나를 묻고 싶다
여행을 하는 데도 여행이 늘지 않는다
한 번의 여행은 한 번의 삶이라는데
여러 번의 삶을 살고도
이번 생이 너무 낯설다
빛의 속도에 가까워진 물체는
무거워질 수밖에 없는데
빛을 넘어설 수 없어
제자리걸음일 수밖에 없는데
빛에서 멀어지려 하는 나의 몸도
무겁고 제자리걸음이다
내가 미워하는 사람들의 표정에서 나를 마주치면
극과 극은 통한다는 말이 생각난다
기차가 휘어지면
우리는 함께
몸 어딘가에 힘을 주었다 풀었다
줄기를 생략하고
뿌리에서 꽃을 밀어 올리는 식물처럼

캐고 보니 뿌리가
이백 킬로미터나 되었다는
사막의 풀처럼
우리는 그렇게 사는 쪽으로
뿌리를 내밀었다

꿈

차를 얻어 마신 후
다음 생엔 뭐가 되고 싶냐고
여자에게 물었다
사람이 되고 싶다고 대답했다
나는 사람이 된 다음
무엇이 되고 싶냐고
꿈에 대해 물은 것이었다
다시 물었지만
그냥 사람이면 된다고 했다

여자는 이상하다는 듯 쳐다보았다
눈가에는 미소를 머금은 채
사람으로 태어났는데
무얼 더 바라냐는 표정이었다

알치에 오기 전 마날리를 지났다
그곳에서 만난 구두닦이 소년에게
꿈이 있냐고 물었던 적이 있다

소년은 없다고 말했다
행복하냐고 물었더니
행복하다고 대답했다
꿈이 없기 때문에
행복하다는 말로 들렸다

꿈에 다쳐본 사람이라면
그렇게 이해했을 것이다

나무

낡은 아파트에 백발의 할머니가 멍하니 앉아 밖을 보는 게 보였는데 나무 같았다
아주 잘 마른 나무
업어다 다른 곳에 심으려고 하면 부서질 것 같았다

내가 그런 분에게 질문을 한 적이 있다
그때 그분은 어두운 부엌에 쪼그려 앉아 있었는데 멍한 표정에 눈동자는 한없이 허했다

그래서 나는 동의를 구하는 마음으로 이렇게 물었다
살아보니 허무하지 않으세요
아니

그분이 다르게 말했다면 위로가 되었을 텐데
그때 나는 평상시와는 다르게 더 슬퍼지는 걸 느꼈다

인생에는 뭐가 있는 건가
그걸 잡지 못해 아득해지는 것 같았다

막대자석

1
극과 극이 붙어 있다
그걸 나눠보려 했던 사람이 있었다

삶과 죽음처럼 서로를 떼어낼 수 없었다
자르면 자를수록 더 많은 자석이 생겼다

2
자석의 끝으로 못을 문지르면 못은 자석이 된다
N극을 문질렀던 곳에 S극이 생긴다

극과 극은 친밀하다
서로를 끌어 당긴다

3
삶을 문지른 곳에 죽음이 생긴다

살아가는 것이 아니라 죽어가는 것이다

어쩔 수 없는 관성

달리던 버스를 멈추기 위해
운전사가 브레이크를 밟으면
승객들은 앞으로 쏠려간다
쏠려가지 않기 위해
우리는 손잡이를 꽉 쥔다

브레이크를 밟는다고 미리 말해줘요
이렇게 운전사에게 따질 수가 없다
그런 일은 느닷없이 벌어지는 일
운전사도 예측하기 힘든 일

어떤 이별은 그러하다
브레이크를 밟은 이에게
어떻게 그럴 수가 있어 하고 말하지만
그것은 소용없는 일

태양이 사라져도
지구는 17분간 공전궤도를 유지한다

당신을 잃어버린 곳에서
손잡이를 꽉 쥐고
한동안 떠나지 못했던 것은
자연법칙이었다

달아나다

 달아나는 것은 재미있다 학교 앞 문방구에서부터 공부하라는 어머니의 잔소리로부터 남의 집 초인종에서부터 교실에서부터 달아나는 것은 재미있다 문방구점 아저씨에게 물건을 돌려주기 위해서 만족스런 어머니의 얼굴을 보기 위해서 누구세요 이 목소리의 주인공은 어여쁜 소녀일까 확인하기 위해서 몽둥이를 들고 기다리는 선생을 만나기 위해서 돌아올 생각은 없었지만 지구는 둥그니까 그래 둥그니까 그렇게 생각하는 편이 편해 달아나다 달아나다 나여야 하는 것으로부터 끝없이 달아나다 문방구를 지키는, 나를 기억하지 못하는 할아버지 곁을 지나고 흰 머릿수건 같은 어머니 곁을 지나고 너무도 낡아 중년 여자의 목소리가 밀고 나올 것 같은 대문을 지나고 이제 아이들에게 몽둥이를 빼앗긴 선생 곁을 지나네 아, 여전히 달아나는 것은 재미있어 지구는 둥그니까 그리운 건 절대 아냐

빙빙

달은 지구를 빙빙 돌고 싶어 한다
지구는 태양을 빙빙 돌고 싶어 한다
태양은 은하의 중심을 빙빙 돌고 싶어 한다
빙빙 돌 만한 것이 누군가에게나 필요하지
나도 당신을 빙빙 돌지
당신에게 바치고 싶은 생이 있어
달은 다른 지구를 낳지 않고
지구는 다른 태양을 낳지 않고
태양은 다른 은하를 낳지 않지
나도 빙빙 다른 당신을 낳지 않아
나는 빙빙 당신을 도네
당신이 구부려놓은 시간과 공간 속을
홈 사이에 잘 끼워 넣은 바퀴처럼

불 하나

그의 집을 나오며
거실에 불 하나 켜두었다
환한 집으로 그는
퇴근해서 돌아오리라
아무도 없는 집에 돌아와
불을 켜는 일은
외로운 일

나는 외로움 하나를
덜어주고 나왔다

제4부

흔적

모로 누워 있는 강아지 곁에 다가가니
배를 보이며 눕는다

길들여진 짐승
누군가의 흔적이
고스란히 남아 있구나

나는 또 가만히 앉아
난생처음 보는 강아지의 배를
쓰다듬고 있다

이래야 한다는 것은
누가 남긴 흔적일까

장미계곡

불가리아를 사람들은 발칸의 장미라고 부른다 유럽 사람들이 사용하는 장미 오일의 절반이 그곳에서 생산된다

3000송이를 따면 1g 정도 얻을 수 있다*

스트레스를 많이 받을수록 질 좋은 오일이 만들어진다 일교차가 클수록 스트레스를 많이 받는데 일부러 그런 곳에 장미를 심는다

누군가는 인내를 통해 향기를 축적했다고 장미를 추켜올린다

장미가 스트레스를 받을수록 덕을 보는 건 사람이다

칭찬 받는 것이 좋았는데 질 좋은 오일을 뽑기 위해 그러는 것이 아닐까 하는 의심이 들었다

나의 스트레스는 나의 것인가

>

직장에서 일을 하다 그런 의문이 들어 일을 놓았다
조금만 더 참아라, 그런 이야기를 들으면서 나이를 먹었다
성실한 사람이 되려고 노력했는데 요즘엔 그게 뭔가 싶을 때가 많다

---

*신문기사 참조.

볼펜

볼펜을 잃어버렸다
이름을 적어 두었지만 돌아오지 않았다

신발처럼 그는 나를
겨우 발목까지 안았을 뿐인데
눈길에 돌아보면
너무 많은 발자국을 남겼다

그는 적는 게 취미였고 나는 읽는 게 취미였다
그의 수첩은 일기였지만 사실이 아니었다
그가 떠나자 나는 거짓이 되었다

미끄러움보다 미끄러웠던 기억 때문에
나는 다음 계단을 오르지 못했다
죽으면 모든 것이 끝일 거라 생각하면
마음이 편해졌지만
찬송을 하던 남자가 다가와 물었다
죽으면 끝인 줄 아십니까

내가 믿지 않았던
실로암의 기적을 믿고
사람들은 평안을 얻었다

실로 긴 잠복기를 거쳐
슬픔이 나를 찾아왔다

한 줄

아버지께 저는 왜 이렇게 외로운 거냐고 여쭈었더니
자연을 벗 삼지 않고 운동을 하지 않아서 그렇다고 하십니다

가끔 시 속에서 그대로 시가 되는 말씀을 하시는 아버지들을 보면 부럽습니다

우리 아버지는 왜 제 맘에 드는 말씀을 한 번도 하신 적이 없을까요

"하루살이라는 벌레는 태어나서 이삼 일 만에 죽는다는데, 그러면 도대체 무엇을 위해 세상에 나오는 것인가, 그런 것이 궁금했던 적이 있었지"*

요시노 히로시의 시를 읽다가 더욱 그런 생각을 해봅니다

제가 겪어야 할 외로움이 있다면 모두 아버지가 준 거라고 생각합니다

그 대가로 한 줄의 시라도 받고 싶은데
기다리고 있습니다

더 멀리 있어야겠습니다

---

* 요시노 히로시, I was born, 류시화 번역.

유품 전시회

돌아가시면서 할머니는
숟가락을 남겼다
그 숟가락으로 감자를 깎았는데
닳고 닳아서
보름 지나 삭으로 가는 반달 같았다
할머니는 딸에게
편지 한 통을 보낸 적이 있다
그 편지엔 늙을수록 외롭다고,
견딜 수 없다고 적혀 있었다
달의 변화를 상상하며 나는
숟가락이 외로움을 견디던 힘이었지 않나 생각한다
감자를 깎으면서 닳아가던 달
그건 힘이 빠지는 모양이었다
다시 차오를 수도 없는 달
할머니가 남기고 갔을 땐
밥을 떠먹을 수 없는 모양이었다
인간은 외롭다는 것을
힘 있을 때는 알지 못한다

결혼을 하고 아이를 낳고 하면
그런 것쯤은 사라지리라 믿는다
하지만 나는 알고 있었다
내 외로움이 평생이라는 것을
세상을 깎아내고 있는 나의 달도
할머니가 남긴 숟가락을 닮아가고 있다
숟가락과 편지를 나란히 놓고 보니
참 어울리는 한 쌍이다

초장

 어느 날 할아버지가 횟감을 들고 집에 돌아왔다 할머니는 그것을 사랑이라고 생각했다 임신한 아내를 위한 할아버지는 회를 떠 오라고 하였고 할머니는 우물에 앉아 정성스레 회를 떴다 고추장과 식초를 섞어 초장을 만들었고 그 옆에 송송 푸른 고추를 썰어 담았다 그렇게 마련한 상을 방에 들여보냈다 방에는 할아버지와 할아버지의 어머니가 앉아 있었고 아가야, 너도 들어와 먹어라 하는 시어머니의 부름이 있을 것 같았다 시간이 지나 방에서 상이 나왔다 기다리던 회는 한 점도 없고 그릇에 초장이 가득 남아 있었다 시큼함이 할머니를 당겼을 것이다 할머니는 마당 곁에 익어 있던 박을 따 속을 긁었다 그 속을 초장에 찍어 먹었다 다른 박을 따 실컷 먹었다 그날 이후 할머니는 초장을 입에 대지 않는다 그때 뱃속에 있던 아이가 아버지다 할머니가 초장을 많이 먹어서인지 아버지는 쉽게 피부가 붉어졌다 그 덕에 여름이 와도 나는 긴 팔을 잘 벗지 못한다 작은 접촉에도 붉게 올라오는 그 흔적들을 할머니의 속은 얼마나 많이 가졌던가

백지위패

네가 살아있다고

내가 믿고 있는 한

영원히

저 위패에

이름을 쓸 수 없다

삶

살아서 그녀는
착하다는 말을 들었다
그녀가 죽자 사람들은
불쌍하다고 말했다

살아서 그녀는 남편을 따랐고
자식을 키웠으며
손자, 손녀를 보았다

그녀는 멀리
여행을 떠나본 적이 없었다
가슴이 요동친 적은 있었지만
다음으로 미루어졌다

그사이 그녀는 마르고
주름은 깊어졌으며
어느 날 다리가 떨렸다
가슴은 떨리지 않게 되었다

살아서는 효부였고
현모였으며
그 정도면 열녀였다

그녀가 죽자 사람들은
고생만 하다 갔다고 말했다
자식들은 엄마가 불쌍했다고 여겼다

그녀는 평생 길들여진 사람이었다

두 번째 캠핑

별을 보기 위해 인간은 두 발로 걸었다
그런데 나는 땅만 보고 걸었다
아무것도 아니었던 것들이 땅에 떨어져 노랗게 반짝였다
가을에는 별들이 땅으로 내려온다
불을 지펴 나도 별 하나를 키워낸다

몇 쌍의 부부가 별을 둘러싸고 앉았다
별이 고기를 굽는다
젓가락으로 뒤집는다
지구도 빙글빙글 잘 익어가고 있을 것이다
별은 죽어서 흔적을 남겼다
그게 사람이다
내가 키운 별 하나도 죽어가면서 사람을 살린다
부모들은 아이들의 입으로 고기를 집어다 나른다

지구는 46억 살, 이제 중년이다
나도 중년이고 새로운 것들을 겁내는 친구들도 중년이다
우리는 자주 중요한 것을 잊는다

\>

지구는 별이 아니다
그러나 여전히 지구별이라 부른다
어딘가에서 이렇게 불을 피우는 사람이 있기 때문이다

별 옆에서 죽어가는 부모들은 모두 따뜻하다
부모 곁에서 살아가는 아이들도 모두 따뜻하다
별은 죽어서 새 별을 만든다
별들의 사랑을 우주는 보존한다

어떤 죽음

먼 친척 중에
머구리*가 계셨어

스크루에 숨줄이 잘린 것을
배 위에선 알지 못했지

대왕 문어가 산다는
바다 속에서

그분은 잘린 호스를
허리에 차곡차곡 감았어

절명의 순간
평생 밥줄을 정리하셨지

뱀이 허리를 감은 것처럼
무서웠지만

그렇게 가지런히 감긴 호스는
처음 보았어

숨이 막힐 때마다 생각해
발버둥치는 대신

마지막으로 내가
할 수 있는 일은 무엇일까

---

*잠수를 전문으로 물질하는 남자.

어머니
―석천이 형 이야기

　어머니를 모시고 아내의 미장원에 염색을 하러 갔다 뭔가 할 이야기가 있다는 듯 머리를 만지는 아내 눈을 어머니는 거울 속으로 훔쳐보고 있었다 중풍에 걸린 아버지에게 무슨 일이라도 생긴 것일까 어제 저녁 아버지의 눈은 풀렸고 걷기 연습을 시킬 때마다 주저앉았다 그런 아버지를 몇 년째 지키고 있는 어머니는 고단도 할 것이다 고마워서 아버지가 비우고 간 논에 모를 심을 때마다 마음엔 어머니를 심었는데 엉뚱한 말을 꺼내신다 저기 말이다 네 아버지가 죽고 나서도 계속 용돈은 줄 거지? 말을 꺼낸 것이 미안했는지 거울 속의 아내를 쳐다보지 못한다 어머니를 새어머니라고 생각한 적이 없다고 하면 거짓이겠지만 30년 세월이 지나면서 내게 어머니는 그냥 어머니일 뿐이었다 가위질을 멈추고 잠시 거울 속에서 아내가 나를 보았다 나는 아내와 눈을 맞춘 후 말했다 우리 어머니, 별 걱정을 다 하시네 어머니가 우리 어머니지 누구 어머니예요

전어회

부드러운 입 안 다치지 말라고
할머니는 밥을 씹어서 주셨다
내가 씹기 전에 당신의 입속에 넣고
걸쭉하게 씹어 내게 넘기셨다
그런 습관 오랫동안 버리지 못하셨다

어느 날 내가 더럽다고 했더니
실망한 표정이더란다
나는 그런 일이 기억나지 않는다

회가 드시고 싶다기에 어시장에 갔다
생니가 제대로 남아 있지 않은 할머니를 위해
뼈는 발라 달라고 했다
뜬 회를 칼로 잘근잘근 씹어 달라고 했다
칼이 회를 씹을수록 어린 날이 생각나는 듯도 했다

어린 날의 나처럼 할머니는 회를 빨아 드셨다
입 안에 걸려 있던 틀니를 빼내시고는

섬

이제 힘없이
드문드문 나 있는
당신의 머리를 들추어 보지 않아도
거기 상처가 아문 흔적들을 볼 수 있다

그 흉터들은
어린 당신이 일하다 졸 때
시어머니가 쇠로 된 담뱃대로 때려서인데
피가 나고 상처가 아문 다음부터
그 자리엔 평생 머리가 나지 않았다

이제 기억은 희미해지고
모든 것을 내려놓을 만한 시간인데
상처의 내력을 이야기하는 당신 목소리가
아직은 날카롭다

그건 내게 고통의 바다 위에 떠 있는 작은 고통의 섬*으로 보인다

＞
당신 인생이 고통의 다도해였다는 것을 증명해 보인다

늙어서 이렇게 쓸쓸한 것도
당신 몸속에서 빠져나온
열이나 되는 섬들 때문인지 모른다

＊프로이트.

아가의 주먹

> 손을 움켜쥐는 행동은 갓난아기들에게 여전히 남아
> 있지만 아이들이 잡을 수 있는 털은 더 이상 없다.
> ─요제프 H. 라이히홀프

주먹을 꼭 쥐고
아가가 잠을 잔다

하나씩 손가락을 펴 봐도
다시 모으고 잠을 잔다

잠을 자면서도
엄마랑 헤어지기 싫어서 저러는 걸 거야

꿈속에서
엄마를 붙잡고 있을 거야

해설

우리는 그렇게 사는 쪽으로 뿌리를 내밀었다

신종호(시인)

1.

하상만 시인의 두 번째 시집 『오늘은 두 번의 내일보다 좋다』에 실린 시들은 "우리가 외로움이라고 말하는 그게 도대체 뭐지?"라는 자문(自問)과 "외롭다는 말은 내가 나를 만나고 싶다는 뜻 아닐까"(「브라쇼브행 기차」)라는 자답(自答)의 간극을 오가며 외로움의 실체를 밝히려는 내면 성찰의 곡진한 기록이라 할 수 있다. 외로움은 결핍과 부재의 흔적이며, '나'라는 존재의 불확실성에서 오는 실존의 고통이다. 존재의 불확실성은 해소될 수 없는 삶의 난제이기에 까뮈(Albert Camus)는 "영원히 나는 나 자신에 대해 이방인일 것이다."라는 단호한 말로 실존의 고뇌를 일축한다. 죽음 앞에서 우리는 삶의 이방인이며, 현실의 바다에 외로이 떠 있는 작은 섬이라 할 수 있다. 삶과 죽음, 현실과 이상, 나와 타자 사이의 메울 수 없는 간극의 외로움 앞에서 혼자 묻고 혼자 대답하는 하상만 시인의 고독감의 무게와 절박함이 이번 시집이 전하는 감동의 면면일 것이다.

2.

외로움의 정서를 토로하는 시들은 자칫하면 고루함을 줄 수 있다. 외로움의 정념이 과잉되거나 그 반대로 빈약할 때 시의 긴장은 풀어지고, 시인의 감정은 속절없이 낭비되기 마련이다. 하상만 시인의 외로움은 홀로 되어 느끼는 쓸쓸함의 사적(私的) 감정이라기보다는 소통의 부재로부터 파생된 유대적(紐帶的) 감정의 결핍에 가까워 보인다. 이는 그의 외로움이 이 시대를 사는 모든 사람의 외로움과 맞닿아 있다는 것, 즉 현대사회를 살아가고 있는 사람들의 소외와 관련한다는 것을 의미한다. 그러하기에 "내가 나를 만나고 싶다"는 그의 간절한 염원은 나를 만날 수 없게 만드는 소외의 현실에 대한 고발의 속내이기도 하다. 현실의 소외가 자신의 존재론적 당위까지 침범할 때 하상만 시인은 "나는 어딘가에서 멀리 벗어나 버린 인생을 살고 있는지 모른다."(「해변」)는 고백을 통해 자신의 외로움과 고통을 드러낸다.

뭔가를 해야 한다는
생각을 버리지 않는 한
외로울 것이다

그런 생각은 아무래도 관성 같았다
그렇게 해왔기에 타성이 붙어버린
몹쓸 물건 같았다

(중략)

나는 어딘가에서 멀리 벗어나 버린 인생을 살고 있는지
모른다

너무 고독해서
어떤 것도 그리워할 수가 없었다

—「해변」 부분

「해변」은 "뭔가를 해야 한다"는 강박이 외로움의 근원이라는 것을 전한다. 직업을 신성한 의무로 여기고, 근면성을 최고의 덕목으로 삼는 프로테스탄티즘(Protestantism)의 윤리가 자본주의적 일상과 결합하면서 개인들의 삶은 노동에 강박되고 점점 자기소외를 겪게 된다. 그런 현상은 지금도 계속되고 있다. 프로테스탄티즘적인 윤리가 관성처럼 내면화되고 직업에 대한 소명의식이 의무처럼 강조될 때 개인의 삶은 '몹쓸 물건'처럼 되어버린다는 것이 하상만 시인의 현실인식이다. 그런 생각은 "외로움을 잊어보려고/사람들은 매달려 있고 싶어 한다//조기 축구회에 매달리고/연봉에 승진에 매달리고"(「매달리기」)라는 표현에도 드러난다. 외로움을 잊기 위해 무언가에 매달려보지만 그것이 근본적인 해결책이 될 수 없다는 것은 자명해 보인다. '관성'처럼 내면화되어버린 생각의 고착은 쉽게 떨쳐버릴 수 있는 성질의 것이 아니기에 시인은 "너무 고독해서/어떤 것도 그리워할 수 없었다"는 말로 감금된 내면을 토로한다. 절망은 실존의 질식이다. 하여, 그의 고독은 "함께 있어도 우린 따로 외로울 거야"(「혼자 부르는 노래」)라는 표현처럼 같이 있어도 혼자인 부재의 시간에 기거한다. 질식과 부재의 시간은 일반적으로 폐쇄적 내면으로 스스로를 가두는 결과를 가져올 가능성이 크지만 하상만 시인의 경우는 그렇지 않다. 자신의 내면을 성찰하는 윤리적 시선으로 외로움의 정념을 구체화하기에 그의 외로움은 남다른 인상을 남긴다. 부재의 시간을 살면서도 "외로워 보일 때 나는 부끄러워"(「이 밤을」)라고 말할 수 있는 염결성이 내면에 살아있기에 그의 시에 드러난 외로움의 정서는 읽는 이의 심중에 깊이 남는다.

    때때로 외로움이 느껴지면 생각해요

> 이 외로움은 밖에서 찾아온 것이 아니라
> 제 속의 다정함이 빠져나간 결과라고
> 남이 저에게 슬픔을 줄 수는 없다고 생각합니다
> 슬픔도 제 속의 기쁨을 잃어버린 결과였습니다
>
> 무엇이든 다 제 속에 있습니다
>
> 추위를 막기 위해서가 아니라
> 제 속의 따뜻함을 지키기 위해
> 벗어 두었던 털신을
> 신어야 할 때가 되었습니다
>
> ─「편지」 부분

  외로워서 부끄럽다는 자기고백이 "무엇이든 다 제 속에 있습니다"라는 윤리적 성찰로 연결되는 과정은 어찌 보면 맥없어 보일 수 있다. 모든 것을 다 내 탓으로 귀결시키는 무한긍정의 모습으로 비춰질 수 있기 때문이다. 사실, 외로움을 "제 속의 다정함이 빠져나간 결과"로, 슬픔을 "제 속의 기쁨을 잃어버린 결과"로 생각하는 것은 표현 그 자체로만 볼 때 소박해 보인다. 그러나 전체 맥락에서 본다면 소박성 그 자체가 결국에는 진실성으로 다가온다는 점에서 나름의 의미를 지닌다. 모든 것이 '제 속'에 있다는 긍정의 성찰이 '제 속의 따뜻함'을 지키기 위한 것이기에 그의 긍정은 타인을 위해서 자신을 희생하는 무조건적이고 이타적인 긍정과는 그 면모가 달라 보인다. 하상만 시인의 긍정성은 '홀로서기'를 위한 출발의 신호라 할 수 있다. 그래서 "벗어 두었던 털신"을 신어야겠다는 그의 다짐은 다시 따뜻함으로 회귀하려는 의식지향을 드러낸다. 그러한 의식의 상징물이 '털신'이라 할 수 있다. '신발'은 '가다'라는 동사와 맞물려 있다는 점에서 감금을 운동성으로 이동시키려는 의식변화를 암시한다고 볼 수 있다. 그런 변화에 근거한 그의 윤리적 성찰과 긍정의 사유는 자신이 아니면 그 누구도 자신의 외로움을 위로해줄 수 없다는 실존의 자각으로 이어진다. 그러한 자각은 "나는 외로운 짐승/내가 아니고서 나를 위로할 수 없는/그런 날들이 많아진다/마음이 허전해서 팔짱을 꼈다/내가 나를 안는데도 따뜻하다"(「위로」)는 진술에서도 확인할 수 있다. 인간은 본질적으로 외로울 수밖에 없기에 단독자의 삶을 살아간다. 스스로를 위로하는 것이 삶의 최선일 거라는 그의 생각은 진실해 보이면서도 한편으로 아득한 아픔으로 느껴진다. 그 아픔의 실상은 "인생의 고통이란 살아있는 것 그 자체"(「빈센트 2」)라는 실존적 인식과 관련이 있을 것이다.

3.

삶 그 자체가 고통이라는 인식은 세계 그 자체가 부조리하다는 인식과 상통한다. 부조리한 세계로 내던져진 개인의 삶은 자유로운 선택의 결과가 아닌 예정된 운명의 결과라는 점에서 비극적이라 할 수 있다. 비극적 운명으로서의 삶이라는 인식은 하상만 시인의 시를 관통하는 하나의 줄기라 할 수 있다. "삶을 문지른 곳에 죽음이 생긴다//살아가는 것이 아니라 죽어가는 것이다"(「막대자석」), "제가 겪어야 할 외로움이 있다면 모두 아버지가 준 거라고 생각합니다"(「한 줄」)라는 진술들에는 삶이란 고통의 흔적이고, 그 흔적은 운명적으로 유전된다는 사유가 담겨 있다.

> 내 몸속을 떠돌아다니는 피는
> 붉게 녹슬었다
> 핏속의 철이 산소와 만난 결과다
> 핏속에서 녹을 벗겨내겠다는 것은
> 죽음을 의미한다
> 녹슬지 않으면 살 수가 없다
>
> (중략)
>
> 녹슬지 않으면 아름다울 수 없다
>
> ―「녹」부분

모로 누워 있는 강아지 곁에 다가가니

배를 보이며 눕는다

길들여진 짐승
누군가의 흔적이
고스란히 남아 있구나

나는 또 가만히 앉아
난생처음 보는 강아지의 배를
쓰다듬고 있다

이래야 한다는 것은
누가 남긴 흔적일까

—「흔적」 전문

 어느 날 할아버지가 횟감을 들고 집에 돌아왔다 할머니는 그것을 사랑이라고 생각했다 임신한 아내를 위한 할아버지는 회를 떠 오라고 하였고 할머니는 우물에 앉아 정성스레 회를 떴다 고추장과 식초를 섞어 초장을 만들었고 그 옆에 송송 푸른 고추를 썰어 담았다 그렇게 마련한 상을 방에 들여보냈다 방에는 할아버지와 할아버지의 어머니가 앉아 있었고 아가야, 너도 들어와 먹어라 하는 시어머니의 부름이 있을 것 같았다 시간이 지나 방에서 상이 나왔다 기다리던 회는 한 점도 없고 그릇에 초장이 가득 남아 있었다 시큼함이 할머니를 당겼을 것이다 할머니는 마당 곁에 익어 있던 박을 따 속을 긁었다 그 속을 초장에 찍어 먹었다 다른 박을 따 실컷 먹었다 그날 이후 할머니는 초장을 입에 대지 않는다 그때 뱃속에 있던 아이가 아버지다 할머니가 초장을 많이 먹어서인지 아버지는 쉽게 피부가 붉어졌다 그 덕에 여름이 와도 나는 긴 팔을 잘 벗지 못한다 작은 접촉에도 붉게 올라오는 그 흔적들을 할머니의 속은 얼마나 많이 가졌던가
―「초장」 전문

'녹'의 이미지는 시간의 흔적과 상처를 동시적으로 표상한다. 녹슬었다는 것은 오랜 시간 방치되어 본래의 모습이 훼손되었다는 것을 뜻하기에 대개 부정적인 의미로 받아들여진다. 피가 "붉게 녹슬었다"는 표현에 드러난 '녹'의 의미는 피를 혼탁하게 한다는 면에서 부정적 의미를 내포한 것이라고 볼 수 있다. 그런데 '녹'을 벗겨내는 것은 '죽음'을 의미한다는 진술로 인해 '녹'의 부정적 의미가 양가적 애매성을 갖게 된다. 부정적인 것이지만 제거할 수 없는 것으로서의 '녹'의 양가적 의미는 실존의 운명, 즉 상처와 고통의 흔적을 지니고 살아갈 수밖에 없는 삶의 필연적 사태를 드러낸다. 녹을 벗겨낸 삶이 '죽음'을 의미한다는 화자의 진술은 생명이 없어지는 상태를 지시한다기보다 그 고통과 시름의 흔적들이 곧 자기 정체성이라는 것을 뜻한다. 따라서 그 부정성으로서

의 자기 정체성을 우리는 포용해야 하는 것이다. 그런 사유가 "녹슬지 않으면 아름다울 수 없다"는 잠언적 성찰로 맥락화되면서 독자의 공감을 자아낸다.

'나'라는 실존의 현재는 과거의 고통과 미래의 고통이 만든 흔적이다. 그런 의미에서 나와 타자와의 만남은 흔적과 흔적의 접촉이며, 고통과 고통의 마주침일 것이다. 시 「흔적」은 배를 보이며 눕는 개와 그 개를 쓰다듬고 있는 나의 만남을 묘사한다. 그러한 풍경은 일견 다정해 보인다. 그러나 둘의 관계는 '길들여진' 흔적들의 접촉이라는 점에서 동일성을 갖게 된다. 개는 눕고 나는 쓰다듬어야 한다는 것, 그것이 자연스러운 행동이면서도 한편으로는 자신의 정체성을 되묻게 하는 매개가 된다. 그 되물음이 바로 "이래야 한다는 것은/누가 남긴 흔적일까?"이다. 그 물음의 답은 위에 함께 인용한 시 「초장」에서 찾아볼 수 있다. 할아버지가 사온 회를 손질해서 방에 들여보낸 할머니가 그것을 같이 먹자는 시어머니의 부름을 내심 기대하고 있었지만 정작 부름은 없고 초장만 남은 상을 받게 된다. 아이를 가져 시큼한 것이 당겼던 할머니는 초장에 박을 실컷 찍어 먹은 후 다시는 초장을 먹지 않았고, 그런 일이 있은 후에 낳게 된 아버지는 초장을 많이 먹은 할머니 탓에 쉽게 피부가 붉어졌고, 그 현상은 나에게도 유전되었다는 것이 「초장」의 줄거리다. 여기에는 일상 속에서 빚어지는 결핍과 서운함의 누적이 담겨 있다. "작은 접촉에도 붉게 올라오는 그 흔적들"을 화자인 '나'가 혈육으로서 물려받는 것이다. 할아버지는 권위로, 할머니는 복종으로 길들여진 삶을 산다. 권위와 복종, 자유와 억압의 도저한 관계는 아버지에게서 나로 이어지는 '길들여짐'의 유전인 것이다. 길들여진 삶들이 가족이라는 운명공동체 속에서 접촉할 때 각자의 삶은 상처로 남게 된다. "이래야 한다는 것은/ 누가 남긴 흔적일까?"라는 질문의 답은 자명해 보인다. '길들여진 삶'이 남긴 흔적일 것이다.

하상만 시인의 시에 나타난 외로움은 유한한 존재로서의 실존적 고통과 길들여짐으로 맺어진 가족을 비롯한 사람들과의 관계가 빚어낸 상처의 흔적들이다. 그래서 그의 외로움은 인간 보편의 정서로 확대된다. 그렇다면 길들여짐이란 무엇일까? 하상만 시인은 그 문제를 인간의 본성과 윤리라는 차원에서 접근한다.

4.

관성과 길들여짐, 그것이 촉발시킨 수많은 상처의 흔적들은 가족사는 물론 인류사를 관통하는 것이라 할 수 있다. 인류의 문명사는 대상을 길들이는 과정의 연속이다. 길들임의 과정은 길들이는 주체와 길들임을 당하는 대상의 상호관계를 전제로 한다. 길들이는 자의 폭력과 길들임을 당하는 자의 희생으로 전개되는 잔인성의 반복 과정이 인류의 역사라 할 수 있다. 그 과정에서, 길들이는 자의 폭력과 길들임을 당한 자의 희생을 정당화하는 논리가 생기는 바, 그것이 바로 이데올로기이고 윤리다. 인간을, 혹은 사회를 위한다는 명목 하에 벌어지는 잔인성의 실상이 바로 우리의 일상이고 생활이라는 것이 하상만 시인의 말하고자 하는 현실의 모습이다.

> 사람들은 절벽에 구멍을 뚫어
> 비둘기에게도 집을 주었다
>
> 필요할 때마다 비둘기를 꺼내
> 식량으로 사용했다
>
> ―「피존밸리」 전문

「피존밸리」는 인류의 잔인성이 필요성에서 비롯된다는 것을 보여준다. 절벽에 구멍을 뚫어 집을 지어주는 행위는 그 자체로 선해 보인다. 그러나 그 행위는 인간의 '필요'에 의해 잔인성으로 바뀌게 된다. 이는 인간의 선(善) 의지가 절대적인 것이 아님을 반증하는 것이기도 하다. 필요와 유용성에 의해 인간은 잔인해질 수 있다는 것이 「피존밸리」에 내포된 윤리적 관점이다. 시인의 또 다른 시 「장미계곡」의 "스트레스를 많이 받을수록 질 좋은 오일이 만들어진다 일교차가 클수록 스트레스를 많이 받는데 일부러 그런 곳에 장미를 심는다"라는 구절 또한 동일한 발상을 보이는 예이다. 식량으로 사용된 비둘기나 일교차가 큰 곳에 심어진 장미는 인간의 목적에 의해 기만적 삶을 사는 희생적 존재로 이해할 수 있다. 「피존밸리」는 비둘기만이 아니라 인간도 희생의 대상이 될 수 있다는 것을 암묵적으로 시사한다. 그러한 가능성이 시 「상추」에 드러난다.

> 상추가 자라고 있었다.
> 밑을 따주면 더 잘 자란다기에 그렇게 했다.
>
> 상추가 잘 자라면 결국 내가 먹는다.
> 상추는 무엇을 위해서 자라는 걸까?
> 열심히 자랄수록 열심히 내가 딴다.
>
> 상추들도 이런 대화를 나눌까?
> 열심히 살아야 해.
> 부지런한 게 좋아.
>
> 서로를 비교할까?
> 쟤 잎사귀가 더 크구나.
>
> 그렇게 비교할수록

결국엔 내가 좋겠지?

상추의 입장에서는
내가 보이지 않는다.
나의 입장에서
하늘이 보이지 않는 것처럼.

칭찬 받는 게 좋아서
나는 참 열심히 일했다.

—「상추」 전문

「상추」는 길들여진 삶이 어떻게 외화되고 내면화되는지를 '상추'의 입장과 '나'의 입장을 통해 보여준다. 상추의 밑을 따주는 행동은 절벽에 비둘기 집을 지어주는 행동과 같은 맥락으로 이해할 수 있다. 상추의 밑을 따주는 행동은 상추가 잘 자라게 하려는 목적이 아니라 나를 위한 목적에서 나온 것이다. 그러하기에 그 행동은 순수성이 없는, 즉 상추를 나의 유용성을 위해 길들이는 잔인성의 발현이라 할 수 있을 것이다. 화자는 상추의 밑을 따주면서 "상추는 무엇을 위해서 자라는 걸까?", "상추들도 이런 대화를 나눌까?", "서로를 비교할까?", "결국엔 내가 좋겠지?"라는 물음을 연속적으로 갖는다. 그러한 물음의 과정에서 화자는 밑을 따주면 더 잘 자라는 상추의 모습과 칭찬 받는 게 좋아서 더 열심히 일했던 자신의 모습이 같은 처지라는 것을 확인한다. 상추가 나에 의해 길들여진 것처럼 나도 칭찬과 비교라는 현실의 논리에 의해 길들여진 삶을 살고 있다는 자각에서 하상만 시인의 외로움이 발원한다. "나는 참 열심히 일했다"는 회고가 공허하고 쓸쓸해 보이는 이유는 자신이 길들여진 삶을 '열심히' 살았다는 확인 때문이다. 상추의 '입장'에서 내가 보이지 않고, 나의 '입장'에서 하늘이 보이지 않는 것처럼 늘 엇갈리면서 불통(不通)하는 길들여진 삶들의 연속, 그것이 하상만 시인이 말하고자 하는 삶의 이면이다. 우리의 삶은 늘 엇갈리고 미끄러지는 외로움의 무한반복이고, "미끄러움보다 미끄러웠던 기억 때문에/나는 다음 계단을 오르지 못했"(「볼펜」)던 상처들의 지난한 흔적이라는 것이 『오늘은 두 번의 내일보다 좋다』에 실린 시편들의 전언이라 할 수 있다.

5.

과잉된 수사와 자기분열의 신경증적인 언어들이 난무하는 현 시단의 흐름에 비추어본다면 하상만 시인의 시는 일견 소박해 보인다. 외로움이라는 주제도 그렇게 비쳐질 수 있다. 그러나 그의 소박함은 세계와 자아에 대한 치열한 고뇌의 흔적이라는 점에서 특별하고 남다르다. 그래서 더욱 값져 보인다. 그의 소박함은 진실성의 다른 표현이다. 외로움의 사유를 통해 진정한 삶의 모습을 찾으려는 그의 여정은 그의 첫 시집 『간장』에서부터 시작되었다. "외로울 때 간장을 먹으면 견딜 만하다."(「간장」)는 쓰라린 고백은 일상의 '짠맛'을 체험하지 않은 사람에게서는 나올 수 없는 것이다. 그러한 체험이 이번 시집 『오늘은 두 번의 내일보다 좋다』에서는 잠언의 형태로 곳곳에서 드러나기도 한다. '오늘은 두 번의 내일보다 좋다'는 시집 제목은 왓 프라싱에 있는 '잠언의 숲'의 나무에 새겨진 문구 중 하나를 그대로 옮긴 것인데, 그 사실은 시 「잠언의 숲」에서 확인할 수 있다. 또한, 잠언의 숲에 있는 문구 중에서 그의 마음에 가장 와 닿았던 것이 "네가 좋아하는 것이 없다면 가지고 있는 것을 좋아해라"는 구절이었다는 것도 밝히고 있다.

잠언(aphorism)의 수사는 강렬한 인상을 남긴다. 그러나 모든 잠언의 수사가 그런 효과를 발휘하는 것은 아니다. 삶에 대한 통찰과 자기 진정성이 없다면 잠언의 수사는 고리타분한 훈계가 된다. 시집 『오늘은 두 번의 내일보다 좋다』에 실린 대개의 시들이 외로움의 정서를 지속적으로 드러내고 있음에도 불구하고 긴장성을 잃지 않는 이유는 바로 자신을 되돌아보게 하는 잠언적 성찰 때문일 것이다. 그런 의미에서 『오늘은 두 번의 내일보다 좋다』는 하상만 시인의 만든 '잠언의 숲'이라 할 수 있을 것이다. 외로움이란 실존의 고통이고, 그 고통의 흔적들이 현실의 삶을 위협하고 있다는 하상만 시인의 비극적 인식이 어떻게 이 세계를 횡단해 나갈지, 그 앞의 여정들이 자못 궁금하다. 그는 외로움에 질식될 수도 있고, 새로운 탈주선을 마련할 수도 있을 것이다. "뿌리에서 꽃을 밀어 올리는 식물처럼/캐고 보니 뿌리가/이백 킬로미터나 되었다는/사막의 풀처럼/우리는 그렇게 사는 쪽으로/뿌리를 내밀었다"(「횡단열차」)는 거대한 결심처럼 하상만 시인의 시는 '사는 쪽'으로 맹렬히 탈주할 것이다. "오늘은 두 번의 내일보다 좋다", "네가 좋아하는 것이 없다면 가지고 있는 것을 좋아해라"(「잠언의 숲」)라는 잠언이 새로운 길을 만드는 동력이 되기를 정중히 기대한다.

이 도서의 국립중앙도서관 출판시도서목록(CIP)은 서지정보유통지원시스템 홈페이지(http://seoji.nl.go.kr)와 국가자료공동목록시스템(http://www.nl.go.kr/kolisnet)에서 이용하실 수 있습니다.(CIP제어번호: CIP2018003659)

시인동네 시인선 088
오늘은 두 번의 내일보다 좋다
ⓒ하상만

초판 1쇄 인쇄 2018년 2월 5일
초판 1쇄 발행 2018년 2월 12일
    지은이 하상만
    펴낸이 고영
   책임편집 서윤후
    디자인 헤이존
    펴낸곳 문학의전당
    출판등록 제2017-000002호
      주소 서울시 마포구 마포대로 11길 91, 3층
      전화 02-852-1977 팩스 02-852-1978
   전자우편 sbpoem@naver.com

     ISBN 979-11-5896-359-0 03810

*이 책의 판권은 지은이와 문학의전당에 있습니다.
*양측의 서면 동의 없는 무단 전재 및 복제를 금합니다.
*잘못 만들어진 책은 바꿔드립니다.
*이 시집은 2015년 한국문화예술위원회 아르코문학창작기금
  수상작가의 작품입니다.